INVENTAIRE
Ye 1979

ce Sur la Bouillotte

1071

A Monsieur

Souscripteur au poëme sur la Bouillotte.

A mes Souscripteurs.

Je vous devais, en conscience,
Ce faible hommage de mes vers,
Car c'est à vos succès, c'est à mes longs revers,
Que je dois toute ma science.
Tout ce qu'en vil métal contre vous j'ai perdu,
En trésors de savoir vous me l'avez rendu ;
Cette œuvre est donc la vôtre, en vos mains je la livre,
Comme poète et bouillotteur :
Puisque vous avez fait la ruine de l'auteur,
Faites la fortune du livre.

LA
BOUILLOTTE
POËME.

LA
BOUILLOTTE

Poëme

EN CINQ PARTIES

PAR

BARTHÉLEMY.

> Winning is the greatest pleasure ; next to it losing
> Après le plaisir de gagner, le plus grand est celui de perdre.
> PAROLES DE FOX.

> C'est un malheur de perdre, il faut l'avouer,
> Mais le plus grand malheur c'est de ne plus jouer.
> EXTRAIT DU POÈME.

PARIS,
IMPRIMERIE ÉVERAT ET COMPAGNIE,
14 ET 16, RUE DU CADRAN.

MARS 1839.

PREMIÈRE PARTIE.

HISTORIQUE.

Puisqu'après quarante ans, ce monstre aléatoire, [2]
Que Paris engraissait depuis le Directoire,
Ne reçoit plus enfin l'effroyable tribut
De nos chairs qu'il mangea, de notre sang qu'il but,
Et que, libre d'effroi, le *Ponte* se restaure
Des présents qu'il portait à l'impur Minotaure,

Respirons ; rendons grâce à la puissante main
Qui ferma l'abattoir rouge de sang humain ;
Bénissons le sénat, dont la loi populaire,
Pour nous et pour nos fils fondant la nouvelle ère,
Voulut, après le cours de ces temps orageux,
Prescrire à nos loisirs de plus tranquilles jeux ;
Et puisque désormais la Bouillotte enivrante
Remplace la *Roulette* et le *Trente-et-Quarante*,
Moi qui fus si longtemps entamé jusqu'aux os
Par les doubles *refaits* et les *doubles zéros*,
Et qui, de tant de biens jetés à la tempête
N'ai sauvé que ma voix, fortune du poëte,
Je veux que cette voix, fidèle à mon penchant,
Consacre à la Bouillotte un didactique chant.

Ah ! parmi tant de jeux que pour charmer nos heures
Le bienfaisant hasard glissa dans nos demeures,
Quel autre appelait mieux mon poétique choix ?
Quel autre à notre culte eut de plus justes droits ?

Est-ce le vieux *Piquet*, idole de nos pères,
Qu'on relègue aujourd'hui dans les vineux repaires ;
Ou qui, pour prolonger leurs bâillements unis,
S'installe entre monsieur et madame Denis ?
Est-ce l'*Impériale*, étique douairière,
Qui lassée à la fin de marcher en arrière,
Pour se créer encor quelques ans d'avenir,
Avec ses *douze points* a cru se rajeunir ?
Est-ce le *Reversi*, morose et pituitaire,
Le *Boston* d'Amérique ou le *Whist* d'Angleterre,
Trio de corbillards qui s'en vont lentement,
Entre quatre pleureurs, vers un enterrement ?
Est-ce enfin l'*Écarté*, ce rebut des casernes,
Qu'on festoya quinze ans dans nos salons modernes,
Pour le fade plaisir d'entendre autour de soi
Son éternel refrain : *Coupe, atout, et mon roi ?*
Non, tous ces jeux divers, épars dans notre arène,
Cèdent à la Bouillotte et la nomment leur reine :
Chacun d'eux auprès d'elle est insipide et lourd ;
Ils sont froids, elle brûle ; ils rampent, elle court,

Elle vole, et jamais ne fatigue son aile;
Vouloir les comparer, c'est mettre en parallèle
Le wagon que la flamme emporte à Saint-Germain
Avec le tombereau qui s'embourbe en chemin;
C'est donner pour émule à l'Aï qui pétille
L'affadissant coco qu'on vend à la Courtille.
Même dès le prélude, au moment solennel
Où les quatre rivaux, debout devant l'autel,
Du terrible Destin vont sonder les mystères,
Chacun sent palpiter le pouls dans ses artères;
Sitôt que du combat sonne l'instant précis,
Ce fauteuil, cette chaise, où nous sommes assis,
C'est le trépied sublime où l'ardente prêtresse
Exhalait, en hurlant, sa prophétique ivresse,
Et la bouche entr'ouverte, avec des yeux hagards
Interrogeait le sort sur des feuillets épars.
Dans les cœurs généreux, comme au fond d'une cuve,
Trop longtemps comprimé, gronde enfin le Vésuve;
Il éclate, il vomit la flamme par torrents;
Tout s'agite, tout roule en cercles délirants;

Plus le branle se meut, plus la fièvre redouble ;
La sueur coule au front, la prunelle se trouble
A suivre dans son vol, à voir passer dans l'air
L'effrayant devidoir qui fuit comme l'éclair.
Contre le tourbillon vainement on se cabre,
C'est la ronde d'enfer, c'est la danse macabre,
C'est un spasme qui meurt et renaît tour à tour,
Aussi vif et plus long que le spasme d'amour.

Puisse donc la Bouillotte exciter mon haleine
Et me sauver l'affront d'une muse en *déveine !*
Je prendrai son histoire à ses premiers débuts,
Je dirai ses progrès, ses règles, ses abus,
Les changements divers de sa structure antique ;
Puis je dévoilerai sa profonde tactique,
Et comment on oppose, à coup moins incertain,
L'intelligent calcul à l'aveugle destin.

Depuis un siècle et plus, maître sans concurrence,
Le *Brelan* monotone asservissait la France,

Quand, pour la délivrer de ce joug oppresseur,

Le Hasard enfanta la Bouillotte, sa sœur.

Bientôt, par le secours de la mode arbitraire,

De son trône gothique elle chassa son frère,

Et le temps convertit, par son autorité,

Cette usurpation en légitimité.

D'abord, sans rien changer à ses lois primitives,

De rigueur, à sa table elle avait cinq convives;

Qui nourrissaient leur faim de fiches, de jetons,

Et de deux jeux formés de trente-deux cartons.

La table était alors de forme circulaire;

Au centre, la *Cagnotte* avait son sanctuaire,

Et les cinq commensaux s'ébattaient à l'entour

D'un flambeau que coiffait un verdâtre abat-jour.

Enfin de ce système on reconnut le vice :

Tantôt, faute d'avoir la table de service,

Meuble qui d'un salon déparait le bon goût,

Il fallait s'abstenir ou demeurer debout;

Tantôt il arrivait qu'au moment de combattre,

Au lieu de cinq joueurs on n'en trouvait que quatre,

Qui, contraints de brider leur belliqueux transport,
Ou rengaînaient l'épée ou recouraient au *mort*.
Bien plus, comme nos yeux ne suivent qu'avec peine
Trop d'acteurs rassemblés sur une même scène,
Ces cartons, sur la table au hasard dispersés
Absorbaient un quart d'heure avant d'être classés,
Et souvent relevés par une main trop prompte,
Rentraient dans le talon, coupables d'un mécompte.
Aussi le noble jeu penchait vers le tombeau,
Et sur le tapis vert s'éteignait son flambeau ;
Quand, pour ressusciter sa fille moribonde,
La fortune brisa la vieille table ronde,
Expulsa du banquet ce *cinquième* importun
Qui venait avec l'air d'un parasite à jeun,
Décréta toute table un lieu propre à la lice,
Et réorganisant sa première milice,
De ses vieux bataillons tenus au grand complet
Élimina le *sept*, le *dix* et le *valet*.
Depuis lors, sous les lois de sa charte nouvelle,
La Bouillotte a fleuri, plus ardente et plus belle ;

Pour signaler sa lance à ses nobles tournois,
Il suffit d'être quatre, il suffit d'être trois;
Que dis-je? de ces trois, quand il n'en reste encore,
Pour débris d'un combat poussé jusqu'à l'aurore,
Que deux, dignes enfants du démon hasardeux,
Dans une lutte à mort ils s'acharnent tous deux.

Fortunés bouillotteurs! vous marchez sur des roses :
Pourquoi rêver encor d'autres métamorphoses?
N'êtes-vous pas heureux sous l'empire sacré
Du *brelan* ordinaire et du *brelan carré?*
Pourquoi quitter les bras de votre vieille mère?
Hélas! tout ici-bas n'a qu'un règne éphémère :
Au peuple des joueurs, ainsi qu'aux nations,
Il faut des changements, des révolutions;
Le dogme du *brelan*, attaqué sur sa base,
Ne voit plus devant lui l'univers en extase;
Ses vieux adorateurs le contestent en vain,
La Bouillotte a trouvé ses Luther, ses Calvin;
Du centre de Paris, siége de leur empire,
Jusqu'aux départements leur parole transpire,

Et la terre est promise à la nouvelle foi.
S'il faut vous raconter en quels lieux, et pourquoi,
Et par qui fut créée, et comment prit racine,
Et comment s'étendit la nouvelle doctrine,
Souffrez que je m'arrête et respire un moment,
Avant de dérouler ce grand événement.

DEUXIÈME PARTIE.

LE MISTI.

Aux confins de ce bois qui dans les jours de fête
Offre au joyeux Paris l'ombrage et la retraite ;
Entre cette avenue où Madrid chaque jour
Attend des rendez-vous de vengeance et d'amour,
Et les tranquilles bords où la folâtre Seine
Vers le pont de Neuilly court du pied de Surène,

Et par mille circuits dessine en voyageant
Un mobile arabesque avec ses flots d'argent ;
Enfin près d'un manoir assis devant le fleuve,
Où le modeste Appert nous fournit une preuve
Que la philanthropie, apôtre de tréteaux,
En courant les prisons peut gagner des châteaux ;
S'élève une *villa* qu'aux jours de la Régence
Un riche financier bâtit pour résidence.
Là, des bois, des ruisseaux, des gazons, des vergers,
Des jardins exhalant des parfums étrangers,
Des rochers où le temps a gravé ses empreintes,
Des ponts chinois perdus au fond des labyrinthes,
Saint-James créa tout, en fit un Trianon,
L'appela sa *folie*, et lui donna son nom. [5]
Depuis son fondateur, ce Luxembourg champêtre
En conservant son nom changea vingt fois de maître,
Et plus d'un hôte illustre en ces lieux abrité
Y trouva le repos, la douce obscurité.
Là, dans un des recoins de ce riant domaine,
Quelques fils d'Épicure, une fois par semaine,

Évitant de Paris le fracas importun,

Venaient se réunir en mil huit cent trente-un.

Tous ces sages, experts dans l'art du confortable,

Installaient la Bouillotte au sortir de la table,

De champagne et de jeu s'enivraient nuit et jour,

Et d'une cave à l'autre ils passaient tour à tour.

Et pourtant leurs ardeurs n'étaient pas satisfaites,

La rage d'innover fermentait dans leurs têtes ;

Jugeant avec douleur que la peur du *Brelan*

Des plus hardis d'entre eux paralysait l'élan,

Il fut destitué : mais que mettre à sa place

Pour réprimer l'abus d'une excessive audace ?

Comment indemniser le jeu trop amaigri ?

Alors, on se souvint de l'ancien *Mistigri*,

Qu'on voyait autrefois, par fréquents intervalles,

Apparaître au milieu de deux cartes égales,

Et qui disgracié par la nouvelle loi,

Avec les quatre *dix* végétait sans emploi.

Le conseil, attendu sa vieille renommée,

Réintégra son nom dans les rangs de l'armée,

Et la *Dame*, pleurant son titre méconnu,
Vit monter à sa place un *Valet* parvenu.
Voilà donc Mistigri qui siége au rang suprême
Des *Brelans* détrônés et de la *Dame* même,
A son vaste pouvoir ne trouvant d'autre frein
Que le *Brelan carré*, dictateur souverain.
Toutefois, dans la peur qu'en tyran de la table
Il n'usât trop souvent de son droit redoutable,
Et ne tînt chaque fois sur les fronts en péril
Le fer de Damoclès suspendu par un fil ;
Pour contre-balancer son nouveau privilége,
On lui signifia de choisir pour cortége
Deux cartes en tout point pareilles de valeur,
De qualité, de nom, et surtout de couleur.
Enfin pour conserver quelques rares aubaines,
Aux *Brelans* attristés comme des ombres vaines,
Dans leurs divers degrés toujours les maintenant,
On les déclara bons, *Mistigri* retournant ;
Oui, comme un enchanteur, d'un coup de sa baguette
Fait parler et mouvoir la nature muette,

Ou, comme de Volta l'électrique vertu
Redresse sur ses pieds un cadavre abattu,
Tels, de leur froid cercueil, quand *Misti* le déclare,
Les *Brelans* trépassés sortent comme Lazare.
Misti, c'est le levier, c'est l'axe, le ressort
Qui dirige et soutient la machine du sort.
Ainsi que le soleil, centre unique des mondes,
Voit tourner devant lui leurs sphères vagabondes,
Le sublime *Valet* occupe le milieu
De l'espace qu'il livre aux planètes du jeu,
Asservit et maintient sous son ordre suprême
Les *as*, les *neuf*, les *huit*, les *valets*, les *rois* même,
Et pour les ranimer de ses feux bienfaisants
Parfois laisse approcher ces pâles courtisans.

Sans lui, sans les rayons de ce dieu tutélaire,
Tout est sombre et glacé comme au cercle polaire.
Oh ! trois fois bienheureux, celui qui dans son lot
Voit briller tout à coup l'astre de *Lancelot !*
Après cent tours passés dans une attente vaine,
Cent coups marqués au coin d'une horrible *déveine*,

Sitôt qu'il aperçoit ce présage vainqueur,
Il sent un doux espoir serpenter dans son cœur,
Et s'apprête à combattre avec plus d'énergie
Sous son écusson d'or timbré de la régie.
Comme un Palladium, dans les plus grands hasards,
Misti donne aux poltrons la valeur des Césars,
Il bannit de nos cœurs toute mortelle transe,
Il cloue à notre jeu la plaque d'assurance ;
C'est un phare sauveur qui s'allume pour nous,
Un messie incarné qu'on adore à genoux,
C'est un ange assidu qui garde notre tête,
C'est l'arc-en-ciel qui luit après une tempête ;
Même quand il est faux il vaut son pesant d'or,
Même quand il nous trompe il nous rassure encor.

Mais autant que *misti* mérite notre hommage,
Autant que notre culte encense son image,
D'une implacable haine, autant nous détestons
Le désastreux *Hogier*, effroi de nos jetons :
Dans l'histoire d'un jeu fertile en épisodes
Ces deux *valets* rivaux sont les deux antipodes ;

Si l'un est le messie appelé par nos vœux,
L'autre est cet antechrist promis à nos neveux ;
L'un est un être saint, l'autre un être profane ;
Le premier est Wishnou, le second Arimane ;
Et quand cet ennemi vient croiser son chemin,
Misti tombe en syncope et meurt dans notre main,
Tandis que l'assassin fuit ce lieu funéraire,
Comme Caïn chargé du meurtre de son frère.
En vain de son rival il a pris les dehors,
Sa hache, ses cheveux, la pose de son corps,
En vain pour nous tromper par sa forme illusoire,
Le Tartufe *du trèfle* a pris la couleur noire,
Chaque fois qu'il surgit à nos yeux attristés,
Par les pieds, par la tête, ou par les deux côtés,
De quelque angle caché que sa face se montre,
Le joueur consterné tressaille à sa rencontre,
L'insulte du regard, et, le front interdit,
Lui dit entre ses dents : Retire-toi, maudit !
Dans ce groupe de sœurs qui courent pêle-mêle,
Lui seul ne trouve pas une carte jumelle ;

C'est la brebis galeuse au milieu du bercail,
C'est l'eunuque qui sert d'épouvante au sérail.
Sa présence est pour nous comme le voisinage
D'un lépreux sans asile aux jours du moyen âge ;
Et dans toute sa troupe on le connaît si bien,
Qu'il n'y peut rencontrer d'autre ami que son chien.
Ah ! puisque ton service est jugé nécessaire,
Infâme ! sois traité comme un bouc émissaire ;
Anathème sur toi ! paria réprouvé,
Sinistre compagnon du joueur *décavé !*
Même quand tu me sers, si ma main te caresse,
Puissé-je voir ma main tomber en sécheresse ;
Dusses-tu m'octroyer la faveur d'un *trente-un*,
Ne souille plus mes doigts d'un contact importun ;
Fuis, traître ! va porter, s'ils sont plus débonnaires,
Va porter tes poisons à mes trois partenaires,
Ou, pour cacher à tous ton visage félon,
Demeure enseveli dans la nuit du *talon !*

TROISIÈME PARTIE.

RÈGLES.

J'ai chanté du *Misti* l'origine et la règle ;
A peine il fut éclos qu'il prit le vol de l'aigle,
Et comme chaque jour il l'agrandit encor,
Vous le verrez bientôt, prenant tout son essor,
Comme la liberté faire le tour du monde.
  Mais soit que saluant son règne qui se fonde,

Sur la jeune Bouillotte on transporte son choix,
Soit qu'on reste fidèle à celle d'autrefois;
Pour l'heure, pour le rang, la *relance*, la *mise*
A de communes lois l'une et l'autre est soumise,
Et, le cas excepté des *mistis* ou *brelans*,
Ces deux sœurs en tout point ont les traits ressemblants.
Gardez-vous de penser qu'abusant de mon rôle,
Je veuille en lourd régent vous remettre à l'école,
Et, comme si jamais vous n'eussiez rien appris,
A l'alphabet du jeu ramener vos esprits :
Non, vous avez tous fait vos études premières;
Pourtant, sans faire insulte à vos hautes lumières,
Permettez que ma muse en poétiques sons
Trace quelques conseils à défaut de leçons.

 Et d'abord, avant tout, pour base de doctrine,
Infaillible axiome et boussole marine,
Pénétrez votre esprit de cette vérité,
Qu'il n'est pas de beau jeu contre la *primauté*.
Bien que la table entre eux mette peu de distance,
Du *premier* au *dernier* l'intervalle est immense,

Et *trente* dans vos mains, quand il est en dessous,
Ne vaut pas un *vingt-un* s'il a le pas sur vous.

Que le destin vous soit ou propice ou contraire,
Dans vos graves travaux rien ne doit vous distraire ;
Écoutez, recueillez dans un calme profond,
Ce que disent les uns, ce que les autres font ;
Avant que dans un coup le sort ne vous enfourne,
Même avant votre jeu regardez la *retourne*,
Car souvent l'ennemi, tant son coup d'œil est prompt,
Verrait votre *couleur* au pli de votre front.
Qu'importe auprès de vous qu'on chuchotte, qu'on rie,
Évitez tous débats avec la *galerie ;*
Point de discours oiseux ; bornez vos entretiens
Aux mots sacramentels : *Passe, jeu, reste, tiens ;*
Et conservant toujours une tenue austère,
Jouez, gagnez, perdez, payez sans commentaire.
Que chacun d'entre vous, exact au règlement,
Ne parle qu'à son tour et parle posément.
Bien qu'on vous ait *tenu*, songez avant *d'abattre*
Que vous n'êtes pas seul, mais deux, mais trois, mais quatre :

Qu'il est un temps moral, un honnête sursis,
Accordé par l'usage au joueur indécis ;
Que, bien que le *premier* ait gardé le silence
Il n'a pas abdiqué son droit à *la relance,*
Et que même souvent, après un *non* sournois,
Le *second* rentre au *coup* d'une tonnante voix.
Fuyons donc ce joueur mal instruit de son rôle,
Qui, tour à tour pressant ou traînant la parole,
Sème dans la partie un chaos éternel,
Et fait de la *Bouillotte* une tour de Babel.
Mais fuyons encor plus que le brouillon novice
Ces routiers de tripots, gangrenés dans le vice,
Qui, le stylet en main, feignent d'être en suspens,
Afin de mieux dresser leurs lâches guet-apens.
La Bouillotte défend d'assassiner en traître :
Quand un jeu n'est pas sûr, quelque beau qu'il puisse être,
Fusse même un *quarante* avec la *primauté,*
Si pour gagner le coup il doit être compté,
On permet à celui qui va *pousser* son *reste*
D'hésiter un moment de la voix ou du geste ;

Mais, lorsque invulnérable, il se trouve nanti
D'une bombe appelée ou *brelan* ou *misti*,
Honte et malheur à lui s'il tremble ou s'il hésite!
La loyauté flétrit ce manége hypocrite,
Et, dans tout cercle pur, l'inexorable loi
Annule ce jeu fourbe et de mauvais aloi.

Revenons au précepte : en bataille ordinaire
L'*as* est jugé sans doute un fort auxiliaire,
Et quiconque en a deux, peut d'un pas affermi
Marcher résolument contre un seul ennemi;
Mais si, dans le duel un troisième s'engage,
Pour les deux compagnons c'est un mauvais présage;
Et quoique bien souvent dans ce combat de trois
L'un d'eux ait pu compter sur le coup des deux *rois*,
Dans la peur du *brelan* que nul effort n'arrête
La prudence aux deux *as* commande la retraite.
 Me préserve le ciel, de glisser la terreur
Dans l'âme de celui qui combat en sabreur,

Qui, pourvu que tout seul *Lancelot* le seconde,

Précipite au galop sa charge furibonde !

Oui, quand dans la mêlée on n'a que des poltrons

Qui devant tout danger piquent des éperons,

On peut impunément sur ces joueurs Cosaques

Pousser comme Murat d'héroïques attaques ;

Mais si vos ennemis sont de ces vieux grognards

Qui ne sourcillent pas dans les plus grands hasards,

Seïdes du *Misti !* modérez vos paroles,

Ne vous prodiguez pas en aventures folles,

Usez de *Lancelot,* mais n'en abusez point ;

Trop souvent d'un rival il va grossir le *point*,

Et, loin d'être pour vous un utile refuge,

Dans les rangs ennemis passe comme un transfuge.

   A l'usage du *Flux* avant de recourir

Songez qu'avec cette arme il faut vaincre ou mourir :

Devant elle souvent tout s'incline, tout rampe,

C'est un acier tranchant, mais trop aigre de trempe,

Qui malgré sa vigueur se brise en mille éclats

Quand frappant en aveugle il tombe sur son *as*.

Il en est qui, trouvant la fournaise peu vive,
Se *carrent* chaque fois, dès que leur *tour* arrive,
Infaillible moyen qui rallume le jeu
Comme de l'alcool qu'on verse dans le feu ;
D'autres, pour stimuler ces flammes du Tartare,
Doublent le double enjeu par une *contre-carre ;*
Enfin on se *rachète*, on se *surcarre* encor
Et d'un jeton d'ivoire on fait un monceau d'or ;
Le sage ne court pas cette chance, il la laisse
Pour l'extrême opulence ou l'extrême détresse,
Et croit, qu'à moins d'avoir peu d'argent ou beaucoup,
Il ne doit pas tenter le hasard d'un tel coup.

Que chacun et surtout quand il rompt une lance,
Étale aux yeux de tous sa *cave* en évidence,
Et n'en présente pas un aperçu menteur
Soit comme créancier, soit comme débiteur ;
L'habitude contraire est une grave faute.

Dès qu'un joueur se *carre* et l'annonce à voix haute,
Si vos fonds réunis s'élevent à si peu
Qu'ils n'offrent même pas l'équivalent du jeu,

Si vous êtes réduits au sort de Bélisaire,

Avouez, sans rougir, votre noble misère,

Prévenez le joueur dont l'œil inattentif

N'a pas bien mesuré l'état de votre actif,

Loin de vous prévaloir de son insouciance,

Jugez toute surprise un cas de conscience,

Jouez en gentilhomme, et montrez qu'entre amis

Ce que le droit permet n'est pas toujours permis.

Terminons, en fixant un coup que l'on conteste :
Quand trois joueurs ensemble ont engagé leur *reste*,
Si celui qui l'emporte est *cavé* le plus bas,
Entre les deux vaincus tranchez de vains débats ;
Car si le dernier porte une carte accessoire
Qui du jeu triomphant assura la victoire,
Ce dernier gagnera malgré le *point* égal,
Malgré la *primauté* qu'invoque son rival ;
L'avantage du rang cède à la loi régnante :
Il ne peut exister qu'une couleur gagnante.

QUATRIÈME PARTIE.

LES ABUS.

Suivons donc cette loi; dans ce temps de progrès
Rougissons de jouer comme on joue au Marais;
Demandons des conseils, des règles, des programmes,
Aux salons de Paris, aux élus de Saint-James;
Dans les cas épineux invoquons leur secours.
  Il était autrefois, et même de nos jours

Il est encor des lieux où le joueur qui gagne
A le droit odieux de faire un *Charlemagne*,
Et laissant les vaincus le dépit dans le cœur
Peut s'éloigner sans honte en superbe vainqueur ;
Mais dans tout digne cercle un usage équitable
D'une telle avanie a protégé la table,
Et veut que nul convive, hormis le *décavé*,
Ne quitte le festin encore inachevé.
Donc, pour qu'à l'imprévu personne ne déserte ;
Avant de s'installer devant la table verte,
On arrête, on convient par un accord ami
D'y siéger un temps fixe, ou l'heure ou la demi ;
Et tant que le cadran témoin de cette lutte
N'en a pas proclamé la dernière minute,
Nul, même pour sauver une parcelle d'or,
Ne peut en se levant rompre le quatuor ;
Rien ne peut abréger ses mortelles alarmes ;
Mais sitôt que le timbre, ainsi qu'un héraut-d'armes,
Annonce aux quatre preux, d'une éclatante voix,
Que le combat finit, tout s'arrête à la fois :

Seulement, aux vaincus que leur perte terrasse
On accorde toujours un dernier tour de grâce,
Seule ancre de salut qu'un homme en naufrageant
Peut jeter dans l'abîme où tomba son argent.
Et même, pour user de plus de courtoisie,
Dans les salons que hante une foule choisie,
Épargnant au malheur un refus inhumain,
Le premier qui fut *roi* fait une *double main*.
Mais pour ressusciter la Bouillotte finie,
Pour prolonger encore un reste d'agonie,
Que de subtilités, d'ingénieux détours,
L'éloquent désespoir appelle à son secours !
Après le *tour des rois* le perdant se cramponne
Au tour de La Fayette, au tour de la Colonne,
Au tour de Constantine, à vingt autres chaînons
Dont la mode fantasque improvisa les noms :
Oh ! qui peut dire alors jusqu'où l'homme s'abaisse !
Jamais avec plus d'art, avec plus de souplesse,
Un tremblant débiteur, sous le malheur fléchi,
N'implora le bourreau qui l'envoie à Clichy ;

Jamais la pâle faim qui crie à notre oreille
Pour mendier un sou n'eut une voix pareille ;
Jamais amant novice avec plus de ferveur
D'un baiser virginal n'invoqua la faveur.
Il suffit qu'une fois leur tenace prière
De vos farouches cœurs ait amolli la pierre,
Que vous ayez lâché les rênes de la main ;
Dès que le premier pas est fait dans ce chemin,
Le sursis d'un quart d'heure est suivi de cinquante ;
La Bouillotte sans frein court comme une bacchante ;
Et souvent, tels joueurs que nous voyons s'asseoir
Au sortir d'un dîner, à sept heures du soir,
Jurant de se lever, quel que soit leur pécule,
Tout juste à la demi sonnant à la pendule,
Sous l'aiguillon du jeu qui les tient en éveil,
Passent de la bougie aux rayons du soleil.
Ah ! repoussez bien loin toute instance importune
Vous que pendant une heure a choyés la fortune ;
Aux cris, à la menace, au sarcasme moqueur,
Soyez froids, soyez sourds, cuirassez-vous le cœur ;

Sans égard pour le sexe ou l'âge de personne,
Liquidez, liquidez, dès que le timbre sonne ;
Ne sacrifiez plus à des hasards nouveaux
Le périssable fruit de vos heureux travaux :
Les succès du joueur ne sont que transitoires ;
Peut-être, après le cours de vos longues victoires,
Après vos Austerlitz, vos Wagram, vos Eylau,
L'ironique destin vous garde un Waterloo.
O combien d'entre vous, imprudents que vous êtes !
Qui gorgés de butin, assouvis de conquêtes,
Pour avoir aux vaincus donné trop de répits,
Ont vu raser leur *cave* au niveau du tapis !
C'est alors le moment des regrets, des reproches ;
C'est alors votre tour de ramollir les roches,
D'implorer humblement le *quart d'heure sans plus ;*
Inutile recours ! espoir, mots superflus !
L'un consulte sa montre, ô ciel ! l'heure le presse,
Il court au rendez-vous où l'attend sa maîtresse ;
L'autre de grand matin doit se rendre au palais ;
Le dernier, qui de vous obtint tant de délais,

Déclare, en affectant une toux hypocrite,
Qu'à trop veiller la nuit sa santé périclite,
Ou, grave moraliste, allègue pour raison
Le scandale public qu'il craint dans sa maison.
Tous s'éloignent enfin de la table déserte ;
Vous les voyez partir, l'œil vitré par la perte,
Et seul, sur le tapis témoin de votre affront,
Vous restez accoudé les deux mains sur le front.

Voilà par quel moyen, jaloux de notre *reste*,
L'enfer veut nous pousser jusqu'aux fureurs d'Oreste :
Hélas ! ce n'est pas tout ; la colère des dieux
Laissa naître un abus encor plus odieux ;
C'est ce trésor d'emprunt à valeur équivoque,
Ce fatal *pavillon* que le malheur invoque,
L'assignat qui, d'abord imposteur à genoux,
Finit par s'installer à table parmi nous.
Ah ! je mentirais bien au devoir du poëte,
Si pour tonner sur lui ma voix restait muette,

Et si je ne tournais mon vers flagellateur
Sur ce Protée impur fléau du bouillotteur !
 Sans doute il doit son nom à ces peuples sauvages
Qui consacrent leur culte à d'ignobles images,
Et soupçonnant à peine un être au-dessus d'eux,
Adorent vaguement des symboles hideux;
Là, dit-on, chaque jour en sortant de sa hutte,
L'homme, presque réduit à l'instinct de la brute,
Pour son dieu tutélaire improvise au hasard
Le premier des objets qui s'offre à son regard,
N'importe sa valeur, son espèce, sa taille,
Une plante, une pierre, une plume, une écaille,
Un ver, une tortue, un ossement, un clou;
Voilà son talisman, voilà son manitou !
C'est son *Fétiche* enfin; et ce dieu qu'il ramasse
Doit combler de bonheur ou sa pêche ou sa chasse.
Ainsi quand un joueur que la perte morfond
De sa bourse ridée a desséché le fond,
Au lieu d'or et d'argent, divinités suprêmes,
Trop souvent il recourt à de grossiers emblêmes;

Son fertile génie entasse devant lui
Un portefeuille vide, un binocle, un étui,
Un canif et des clefs, des jetons et des fiches,
Simulacres divers qu'il nomme ses *fétiches*;
Et de ces nouveaux dieux, portés dans son avoir,
Son crédule malheur invoque le pouvoir.
Maudit soit le premier, dont l'espoir chimérique
Imita parmi nous les barbares d'Afrique,
Quand il introduisit, pour extrême soutien,
Leur idole bizarre en un salon chrétien !
Sitôt qu'un imprudent ose invoquer son aide,
Un esprit de vertige à l'instant le possède,
Il boit à larges traits l'oubli de sa raison,
Et dans sa propre *coupe* il trouve le poison.
L'âme entière livrée au démon qui l'égare,
Il *fait tout*, il *tient tout*, se *carre*, se *surcarre*,
Cherche avec frénésie ou la vie ou la mort,
Et vingt fois *décavé* se *recave au plus fort*.
N'alléguez pas ici votre froide sagesse :
Le plus sage succombe en ces moments d'ivresse,

Mille exemples fameux sont là pour l'attester ;
Il en est un surtout que je veux rapporter :
Une nuit, car le jour ne voit pas ces prodiges,
Quatre dignes rivaux en proie à ces vertiges,
Tous quatre ensanglantés par des coups précédents,
Éternisaient leur *cave* en tourbillons ardents ;
L'or était disparu, tous s'armaient de fétiches ;
A force de détresse ils s'étaient faits tous riches,
Et le plus modéré, fort d'être sans témoins,
Étalait devant lui six mille francs au moins.
Ils poursuivaient ainsi leur lutte opiniâtre,
Quand un coup fulminant *décave* l'un des quatre ;
Mais l'âme d'un héros grandit dans le péril ;
Il se tait un moment, puis fronçant le sourcil,
Vers ses heureux rivaux il se tourne, il les toise,
Jette un œil de dédain sur leur *cave* bourgeoise,
Et montrant un *fétiche* à ses trois concurrents :
« Messieurs ! dit-il, ceci va pour cent mille francs ! ⁶
Ce mot seul termina la scène de carnage ;
On feignit de n'y voir qu'un simple *badinage ;*

Pourtant à son défi si l'on eût fait accueil,

L'imprudent, j'en suis sûr, l'eût tenu par orgueil,

Et s'il eût succombé, sans rabattre une obole,

On eût contraint sa caisse à solder sa parole.

Voilà dans quels écarts nous pousse le torrent!

   Convenons toutefois, tout en le déplorant,

Quelque frémissement qu'on sente en ses entrailles,

Qu'il est beau d'être acteur dans ces grandes batailles,

De promener sa faux dans de riches sillons,

De planter devant soi de hardis *pavillons ;*

Surtout si ce n'est point une joute folâtre,

Une guerre d'enfant, un vain jeu de théâtre,

Si tout en lingots d'or a droit d'être escompté,

Si le *fétiche* enfin est une vérité.

Mais, hélas! que de fois en des combats frivoles

Circulent hardiment de mensongers symboles!

Que de fois voyons-nous, en ces terribles jeux,

Que le plus insolvable est le plus courageux,

Certain qu'en succombant dans sa lutte illusoire,

Ses prétendus lingots ne sont que de l'ivoire !

Promptement dépouillé de son rare métal,
Il a d'abord recours à l'emblême fatal.
Avec ce balancier il n'est rien qu'il n'essaie,
Sur la table à l'instant il peut battre monnaie ;
Sa fortune écroulée il la construit encor :
Envahissez d'un coup son factice trésor,
Qu'importe ! entre ses mains jamais l'argent ne manque,
Et souvent au lieu d'or et de billets de banque,
Autour du tapis vert où nous nous asseyons,
On ne rencontre plus que des porte-crayons.
Que faire, lorsqu'après une horrible séance,
Arrive à jour précis l'inflexible échéance ?
Celui-ci, tout broyé sous le choc d'un *brelan*,
Vient à son créancier soumettre son bilan ;
Celui-là, répulsif au plus léger à-compte,
Dans un quartier lointain va remiser sa honte ;
Cet autre, s'imposant un volontaire exil,
Court s'embarquer au Hâvre et part pour le Brésil.
Allez donc vous frotter avec ces camarades, [7]
Allez mêler votre or entre leurs mascarades,

Vous qui, dès le matin, et toujours au comptant,

Des dettes de la veille acquittez le montant,

Bonnes gens, qui croyez valable toute somme

Que vous a garantie une parole d'homme;

Joueurs de l'âge d'or, allez le lendemain

Chez tous vos débiteurs leurs *fétiches* en main,

Et puisque, rehaussant leur valeur intrinsèque,

Vous avez sur ces riens fondé votre hypothèque,

A défaut d'un billet, armés d'un cure-dent,

Allez à domicile assigner le perdant.

CINQUIÈME PARTIE.

CARACTÈRES ET PORTRAITS.

Quelque ardeur qui vous pousse au champ de la fortune,
Avant de vous lancer dans la lice commune,
Parmi les combattants qui s'offrent à vos yeux
Appliquez-vous à faire un choix judicieux.
Dans cette immense foule autour de vous groupée,
Tous ne méritent pas l'honneur de votre épée;

Bien qu'au même salon nous soyons tous admis,
Même au nombre de ceux que je traite d'amis,
Il s'en trouve plus d'un que je vois avec peine
Pour combattre avec moi s'avancer dans l'arène.
Je ne vous parle pas de ces nouveaux venus,
Prévôts à trois chevrons masqués en ingénus,
Qui fondent sur le jeu l'existence précaire
D'un baron de Wormspire et d'un Robert-Macaire;
Ceux-là, malgré les plis de leur épais manteau,
Sont bientôt reconnus et frappés du *veto*.
Mais il en est beaucoup dont l'étroite routine,
Le ton soporifique ou l'allure mesquine,
Font que, tenus d'ailleurs pour fort honnêtes gens,
On ne doit les souffrir que dans les cas urgents.
Les uns, cachant leur gain comme un fruit de maraude,
Dans le chiffre accusé glissent toujours la fraude.
Ceux-là, sitôt qu'ils ont quelques écus de moins,
Prennent le ciel, la terre et l'enfer à témoins.
D'autres, au détriment du trio partenaire,
Coupables chaque fois d'un oubli volontaire,

D'esquiver le jeton font leur unique but,
Et jamais du *brelan* n'acquittent le tribut.
Plus criminel encor est ce joueur harpie,
Qui d'une main furtive *alimente la pie*,
Et de ses propres fonds, écornifleur adroit,
Frustre le bien public d'un légitime droit.
Cette classe est funeste; en est-il une pire?
Oui, sans doute : il en est d'une race vampire
Qui, cherchant la pâture et craignant le danger,
Se cuirassent trois fois avant de *s'engager;*
Tartuffes de *brelans* singeant la bonhommie,
Écumeurs assidus de toute académie,
Ignobles Harpagons, sournois spéculateurs,
Que le monde a flétris du nom de *carotteurs!*
Affamés chaque fois du jeton de la *passe*,
Plus ils ont réprimé leur appétit rapace,
Plus terribles ils sont s'ils se montrent à nu ;
On est mort avec eux dès qu'ils vous ont *tenu*.
Voulez-vous admirer les lâchetés sans nombre
De ces Machiavels qui travaillent dans l'ombre,

Glissez-vous auprès d'eux, observez en dessous
Leur système honteux, grapillage de sous;
Grand Dieu ! que de *vingt-un*, de *trente-un*, de *quarante*,
Étouffe sourdement leur peur déshonorante !
Que de *brelans* de *neuf* bâillonnés en chemin !
Que de trésors perdus dans leur indigne main !
Quelquefois cependant rehaussant l'encolure,
Leur courage se risque à faire une *doublure;*
Mais qu'un homme de cœur, pour les pousser à bout,
D'une intrépide voix riposte par son *tout*,
Ils *filent* en silence, et plus prompts que le lièvre,
Cachent dans le *talon* leur *doublure* et leur fièvre.
A ce commerce infâme il faut mettre une fin :
Traquons le *carotteur*, prenons-le par la faim ;
Puisque le temps qu'il passe à l'affût des victimes
Lui coûte ses jetons de cinquante centimes,
Doublons, triplons l'enjeu pour le mettre aux abois ;
Et si pareil au brave embusqué dans un bois,
Épiant de son coin l'honnête homme qui joue,
Il attend un coup sûr pour le coucher en joue,

Avant d'avoir trouvé son infaillible *point*,
Qu'il meure par lui-même en se rongeant le poing.

J'aime à le présumer : de vos tables actives,
Vous avez exilé tous ces tristes convives,
Qui, moulés plus ou moins sur le plat *carotteur*,
Jamais de vos exploits n'atteindront la hauteur ;
Et libres désormais d'un voisin parasite,
Vous n'avez devant vous qu'une troupe d'élite,
Que de dignes rivaux d'un courage viril,
Tous bien disciplinés et froids dans le péril.
Que nous sommes petits en face de ces maîtres !
Pauvres nains, respectons leur taille de trois mètres !
Ils savent mieux que nous, par un calcul savant,
S'il faut battre en retraite ou marcher en avant,
Comment de l'ennemi, déjouant les amorces,
Au ton seul de sa voix on devine ses forces ;
Comment tel qui d'abord répondit par un *non*
Va d'un rempart couvert démasquer le canon ;

Comment tout est science au métier de la guerre;
Comment ce tapis vert qui pour l'homme vulgaire
N'est qu'un lambeau de drap où court l'or et l'argent,
Devient un échiquier pour l'homme intelligent.

O vous donc qui, lassés d'avoir pour apanage
La bouillotte à cent sous, que l'on joue en ménage,
Et sortant à la fin des rangs où vous serviez,
Osez entrer en lice avec les loups-cerviers !
Vous mourrez sous leur dent, je vous le prophétise;
Je pourrais même dire à quelle heure précise.
Pourtant si vous voulez, entre leurs griffes d'ours,
Prolonger plus longtemps vos misérables jours,
Quoique de leur savoir j'ignore le mystère,
Je puis des plus saillants tracer le caractère,
Et sans mettre le nom au bas de leurs portraits,
Vous en fournir du moins une esquisse à grands traits :

Le premier qui toujours se bouffit et se hausse
Bien souvent de son jeu veut déguiser la *fausse ;*
Ne le redoutez pas; sa voix de fanfaron,
Ses airs de grand seigneur, ne cherchent qu'un poltron.

Cet autre veut aussi régner par l'épouvante,
C'est le Danton du jeu : pour manœuvre savante,
Sur quiconque résiste il décrète la mort ;
Il se *cave* en entrant de tout son coffre-fort,
Lance inopinément sa parole hardie,
Et promenant partout des lueurs d'incendie,
Dès qu'il trouve, en *premier, vingt-un* et Lancelot,
Il attache à vos flancs son immense brûlot.

Laissons à ce héros jouer ses premiers actes ;
Laissons à ce torrent franchir ses cataractes,
La digue du sang-froid, devant qui tout mollit,
Le forcera bientôt à rentrer dans son lit.

Vous en verrez plus d'un qui jamais ne recule,
A tel point qu'on ne peut le gagner sans scrupule ;
Cet homme, direz-vous, est vraiment insensé,
Il *fait* ou *tient* son *reste* avec un as *percé*...
Ne vous y trompez pas ; dès que l'œuvre commence,
Il prodigue à propos une utile semence,
Certain qu'un peu plus tard, à l'abri du soupçon,
Il viendra recueillir une large moisson.

Je signale surtout comme digne d'étude
Un saint homme empourpré de sa béatitude,
Tout franc, tout rond, tout plein de joie et de santé ;
Examinez-le bien à la table posté,
Où sans doute il s'assied par pure sympathie,
Et pour ne pas déplaire au vœu d'une partie :
Savez-vous ce qu'il fait, pendant qu'à pleine voix
Il entonne une antienne ou des couplets grivois?
Savez-vous ce qu'il fait? la bouillotte — oui sans doute,
Mais il saigne, il ressaigne, et non pas goutte à goutte ;
Mais par large palette, au pieds, aux bras, au sein ;
Comme il le dit lui-même il fait le *médecin ;*
Quand il porte son coup, dans la peur qu'on ne crie
Il lâche en même temps un trait de raillerie,
Et par sa bonne humeur adoucissant nos maux
Ce qu'il prend en argent il le rend en bons mots ;
Nul homme ne résiste à ce cruel topique.
Telle est, dans les climats brûlés par le tropique,
Cette chauve-souris grande comme un vautour
Qui vole dans l'espace à la chute du jour :

Malheur à qui s'endort sous un bois solitaire !
Le subtil médecin vient lui piquer l'artère ;
Mais pour que la douleur de son dard ennemi
N'éveille pas trop tôt l'imprudent endormi,
Fertile par instinct en ruses criminelles,
Il agite sur lui ses deux immenses ailes,
Et fouettant sur sa plaie un air rafraîchissant
Sans troubler son repos il lui suce le sang.

  A la chauve-souris que mon doigt vous indique
Vous pourrez accoupler cet acteur méthodique,
Qui, soumettant le sort aux règles du compas,
Sans sonder le terrain ne fait jamais un pas.
Il attend pour venir que le combat fermente,
Que dans tous les cerveaux bouillonne la tourmente,
Que la raison s'égare... alors comme Athar-Gull
Il se montre, en tirant le poignard du calcul.
Habile praticien tant que l'instance dure,
Il dirige son jeu comme une procédure,
Et pour les grands arrêts traîne un long appareil
Comme s'il consultait la chambre du conseil.

Jamais homme plus loin ne porta la prudence :
Sitôt qu'auprès de lui la foule se condense
Dans la peur qu'un ami, fixant sur lui les yeux,
N'apprenne de son art les coups mystérieux,
Il dit qu'en travaillant il veut avoir ses aises,
S'entoure d'un rempart de fauteuils et de chaises,
Et pour que nuls témoins ne s'y puissent asseoir,
Met sa boîte sur l'un, sur l'autre son mouchoir ;
Enfin pour éviter ce tourment de Procuste
Qui vient d'une cravate ou d'un habit trop juste,
D'un appareil *ad hoc* déployant l'attirail,
Il revêt avant tout son habit de travail.

———

Je voudrais jusqu'au bout poursuivre la série
De vingt autres portraits, vivante galerie,
Ou du moins célébrer, entre les grands acteurs,
Le phénix des salons, prince des Bouillotteurs,

Toujours calme, toujours ferme dans sa pratique
De marcher sur l'appui d'un jeu mathématique,
Épargnant au vaincu le sarcasme moqueur,
L'insulte ou la menace à l'insolent vainqueur;
Philosophe profond qui, d'une âme sereine,
Brave le préjugé de *veine* et de *déveine ;*
Qui, plus criblé de coups que la plaque d'un tir,
Sourit sans affecter la pose du martyr,
Et quand le dernier coup l'atteint et le terrasse,
Comme un gladiateur sait mourir avec grâce.

   Mais où m'entraîneraient tant de tableaux divers?
Il faut mettre une écluse à ce torrent de vers;
Ma muse trop longtemps tint votre oreille esclave ;
L'heure qu'elle dérobe appartient à la *cave.*
Je ne vous retiens plus; allez, formez vos rangs,
De la grande Bouillotte illustres vétérans !
Vous qui par théorie et par expérience
Quoique instruits dès longtemps dans sa haute science,
Étudiez encore et lisez mot à mot
Les œuvres de *Testu,* successeur de *Minot ;* [8]

Allez! dans le manoir qui vous sert de redoute
De grands coups de canon vont éclater sans doute,
Des coups où le vaincu, d'un regard effaré,
Voit tomber un *misti* sous un *brelan carré;*
Peut-être on entendra devant la table verte
Quelques cris déchirants arrachés par la perte,
Quelques serments sacrés de n'y plus revenir...
Des serments! loin de nous leur lâche souvenir!
En sortant du salon si quelqu'un les emporte,
Demain, en y rentrant, qu'il les laisse à la porte;
C'est un malheur de perdre, il faut bien l'avouer;
Mais un plus grand malheur, c'est de ne plus jouer.

NOTES.

¹ Puisque vous avez fait la *ruine* de l'auteur.

Il existe, soit dans Richelet, soit dans je ne sais quels traités de versification, certaines règles établies par de prétendus législateurs du Parnasse, d'après lesquelles on a déterminé la quantité ou le nombre de syllabes de plusieurs mots douteux. Ces décisions sont, pour la plupart, arbitraires et ne reposent sur aucun fondement : ainsi l'on fait *troisième* de trois syllabes, et *quatrième* de quatre; si vous en demandez la raison, on vous répond que c'est à cause de l'*r* qui rend la syllabe forte; on donne la même raison pour le mot *ruine*, que nous avons, sans hésiter, employé pour deux pieds, nonobstant l'*r*, qui le commence. Il est vraiment absurde de se laisser intimider par une pareille législation, bonne tout au plus pour gouverner des élèves de rhétorique. Déjà de bons esprits se sont délivrés de ces sottes entraves en donnant deux syllabes au mot *ancien*, qui en comptait trois, depuis plusieurs siècles ; espérons que nous marcherons à l'avenir dans les voies de cet affranchissement, et qu'au lieu de conserver les lisières de Richelet, nous ne prendrons plus conseil pour notre prosodie que de l'oreille et du goût; espérons que nous arriverons au point raisonnable de détruire aussi l'absurde règle de l'*hiatus*, qui prive la poésie d'une infinité de mots, sous prétexte de lui donner de la douceur, comme s'il existait des mots plus doux que ceux où se trouve ce heurtement de voyelles, tels que Diane, Lia, Pygmalion, hiène, lion, chaos, etc., etc., etc., et le mot *hiatus* lui-même ; comme s'il n'y avait pas déraison à défendre l'*hiatus* à l'hémistiche, en le permettant d'un vers à un autre, ce qui forme aussi un véritable hémistiche, dont le repos est souvent moins sensible que celui qui sépare les grands vers en deux parties. Ce n'est pas malheureusement ici le lieu d'étendre une pareille dissertation ; l'auteur se propose de traiter à fond la matière, quand il abordera un sujet d'une nature purement littéraire.

2 . . . . Ce monstre aléatoire.

Quoique bien avant le directoire, sous les anciens lieutenants-généraux de police, il existât dans Paris des maisons de tolérance pour les jeux de hasard, ce n'est véritablement qu'à l'époque dont on parle que cette branche de perception d'impôt fut établie en administration régulière. Le premier fermier fut, je crois, Bazoin, qui, pour exercer exclusivement ce privilége, payait à la police une redevance assez minime, si on la compare au prix d'adjudication de ces derniers temps.

A Bazoin succéda Perrin; à Perrin, Bernard; à Bernard, M. de Chalabre; à ce dernier, M. Benazet, qui, pendant dix ans et jusqu'à la suppression des jeux, a géré cette perception difficile avec la sagesse et la haute capacité qu'il porte dans toutes les entreprises industrielles. C'est sous lui que le prix de la ferme fut porté au taux le plus élevé depuis la création, puisqu'il atteignit le chiffre de 6,666,000 francs par an; ce qui, en déduisant quelques jours de *relâche*, constituait à l'administration de la Seine un *pour-boire* d'environ 18,517 fr. par jour. D'après le cahier des charges, outre cette énorme redevance des 6,666,000 fr., tout ce qui excédait cette somme dans les bénéfices, appartenait pour les trois quarts à la caisse adjudicatrice, l'autre quart au fermier.

C'est donc à tort que le poëte a dit que Paris engraissait le Minotaure; il eût parlé plus véridiquement s'il eût dit que c'était le Minotaure lui-même qui engraissait la bonne ville de Paris.

[3] Avec ses *douze points* a cru se rajeunir.

L'impériale tombant complétement en désuétude, on a imaginé dans quelques académies de la jouer désormais tout d'un trait, sans *descendre* ou *démarquer* comme autrefois; ce qu'on appelait une *impériale* ne compte plus, et celui des deux joueurs qui marque le plus tôt douze points gagne la partie.

Ce jeu, dépouillé ainsi d'une partie de sa science et de ses combinaisons, est principalement en vogue dans l'ancien cercle *Français*, rue Vivienne, n. 18.

Le misti.

Le *mistigri* d'autrefois était le valet de trèfle, au milieu de deux autres cartes de même nom et de même rang ; le *mistigri* actuel exige de plus que ces deux cartes soient de même couleur, comme les deux rois rouges, les deux as noirs, etc., etc. Tout cela est assez indiqué dans le texte sans qu'il soit nécessaire de le répéter en prose dans ces notes. Il est également inutile de rappeler aux lecteurs que les noms des quatre valets sont *Lahire* pour le *cœur*, *Hector* pour le *carreau*, *Hogier* pour le *pique*, et *Lancelot* pour le *trèfle ;* ce sont ces deux derniers qui jouent le plus grand rôle à la bouillotte *Saint-James*, et qui, par conséquent, devaient être choisis pour les héros de cette *partie* du poëme. Le lecteur (bouillotteur) est familier avec la figure de ces deux personnages ; il sait que *Lancelot* porte un bouclier ou écusson jaune avec ces mots : *administration des contributions indirectes ;* qu'Hogier est caressé par un petit chien dressé sur ses pattes de derrière et grimpant à son genou gauche ; que l'un et l'autre sont coiffés d'une toque, armés d'une hache, et portés fièrement sur leurs jambes écartées, et les pieds en dehors comme des maîtres de danse.

Quant au mot de *misti*, c'est tout simplement une abréviation que l'usage commun se permet dans l'appellation des noms propres : ainsi l'on a dit *misti* pour *mistigri*, comme *Babet* pour *Élisabeth*, *Fifine* pour *Joséphine,*, *Adèle* pour *Adélaïde,* et même *Jupin* pour *Jupiter*. Il y a d'ailleurs, ce nous semble, quelque chose de plus cabalistique, de plus aléatoire, de plus mystérieux dans ce nom de *misti*, qui semble mieux convenir à l'influence et aux terribles fonctions de ce personnage moderne.

⁵   L'appela sa *folie* et lui donna son nom.

A la mode des *petites-maisons*, qui faisaient fureur sous la régence, succéda le caprice des *folies*, qui, sous Louis XV, se propagea chez les grands seigneurs et les hauts financiers. Ces *folies* étaient tout bonnement de mystérieuses habitations aux environs de Paris, que le propriétaire meublait et embellissait à sa fantaisie moyennant quelques centaines de mille francs. On citait entre autres la *Folie-Genlis*, la *Folie-Chartres-Monceaux*, la *Folie-Méricourt*. Mais la plus folle de toutes ces *folies*, celle qui se signala le plus par l'extravagante prodigalité du maitre, fut celle que fonda M. *Sainte-James*, ou *Saint-James*, trésorier de la marine. On prétend que, soit pour la construction et l'intérieur du bâtiment, soit pour les plantations des jardins et des bosquets, l'érection des statues, la création des voûtes, l'architecture des petits temples, il enterra dans cette délicieuse fantaisie une somme de quatre ou cinq millions. Pour se former une idée de ces dépenses, il suffira de savoir que cette immense quantité de rochers qu'on y voit encore aujourd'hui, formant des grottes, ou des souterrains, fut tout entière tirée des carrières de Fontainebleau et transportée à Saint-James sur de gigantesques fardiers. On raconte même à ce sujet que, dans le temps où cinq cents ouvriers étaient occupés à fabriquer ces jardins du Lucullus moderne, Louis XV, se rendant à Fontainebleau, fut contraint de s'arrêter au milieu de la route par un embarras de voitures et charrettes de transport dont il voulut connaître la cause; on lui répondit que tout ce charroi se faisait pour le compte et par les ordres de Saint-James; en même temps on fit remarquer à sa majesté une roche monstrueuse, un bloc d'une dimension effrayante, tels qu'en soulevaient avec peine les Titans quand ils voulurent escalader le ciel; c'est cette énorme masse qu'on voit encore à *Saint-James*, et qui probablement bravera l'égratignure des siècles, comme les Pyramides. Le roi, surpris qu'un de ses sujets, quoique financier, eût la puissance de pousser à ce point la frénésie de la prodigalité, ordonna, dit-on, un examen sévère des comptes de cet administrateur, et probablement c'est par suite de cette rigoureuse vérification que le malheureux Saint-James, désespéré, se coupa la gorge.

Cette magnifique *villa*, autour de laquelle se groupe gracieusement le village naissant de *Saint-James*, avec ses maisons toutes neuves, avec ses larges rues plantées d'arbres et éclairées par des réverbères, appartient aujourd'hui à M. Benazet; elle a été occupée dernièrement par le ministre Thiers et par la duchesse d'Albuféra.

6   Messieurs, dit-il, ceci va pour cent mille francs!

Le fait est historique, il est rapporté ici dans toute sa vérité, et sans user du privilége hyperbolique du vers pour hausser la somme; c'est bien réellement de cent mille francs qu'on s'est *cavé*, et l'annonce en fut faite dans les mêmes termes que nous citons. Si nous n'avions pris pour règle d'éviter dans ce poëme toute indication expresse de personnes, nous citerions le nom de ce terrible champion, et le lecteur comprendrait mieux la valeur du mot *badinage*, qui est écrit en caractère italique; nous citerions aussi celui de ses trois adversaires; ils sont tous quatre vivants, avec la ferme résolution de jouer le *Brelan-Saint-James* jusqu'à la mort.

⁷   *Allez donc vous frotter avec ces camarades.*

Ce vers n'appartient pas à l'auteur, c'est un vrai plagiat. Il a été dérobé à un des acteurs mis en scène dans ces portraits, à un des bouillotteurs célèbres qui emploie fréquemment cette locution, tout naturellement et sans prétendre le moins du monde faire de la poésie. La rigueur grammaticale exigerait : *Allez donc vous frotter à ces camarades*, au lieu de *avec*, mais nous avons préféré commettre un barbarisme plutôt que d'altérer d'une seule lettre l'énergique et naïve improvisation de notre collègue.

⁸   Les œuvres de *Testu*, successeur de *Minot*.

Les cartes qui sortent de la fabrique de Minot sont infiniment supérieures pour la blancheur, la finesse et l'absence de macules, à toutes celles qu'on vend dans Paris, sans exception ; c'est là que s'approvisionnent les premiers cercles et les meilleures maisons. Son adresse est rue Croix-des-Petits-Champs, 26.